CAPITAINE CAMPS

grenat

LE SIÈGE
DE
TUYEN-QUAN

Récit anecdotique par un témoin oculaire

avec dessins, planches, cartes et vignettes.

VERDUN
IMPRIMERIE MILITAIRE V. FRESCHARD
59, Rue Mazel, 59

1902

LE SIÈGE
DE
TUYEN-QUAN

Capitaine Camps

LE SIÈGE

DE

Récit anecdotique par un témoin oculaire

VERDUN
IMPRIMERIE MILITAIRE V. FRESCHARD
59, Rue Mazel, 59

1902

Vers la fin de l'année 1900, M. le Général Commandant le 6ᵉ corps d'armée, recommandait d'une façon particulière aux Officiers de s'efforcer à donner à leurs hommes une forte éducation morale, en élevant leurs sentiments vers les idées généreuses. Il leur indiquait comme un excellent moyen d'enseignement les exemples tirés de l'histoire.

Il disait à ce sujet, dans des termes dont le texte exact m'échappe, mais dont le sens était celui-ci :

« Il n'est pas nécessaire de remonter pour cela, très loin dans l'histoire. Plus près de nous, la guerre de 1870, Tuyen-Quan, Fachoda, la mission Foureau-Lamy, nous offrent des exemples tout indiqués. »

M'inspirant de cette pensée, et ayant eu l'honneur de prendre part à l'un de ces épisodes, le siège de Tuyen-Quan, j'ai eu l'idée d'en faire un récit anecdotique avec l'espoir que mes camarades y pourraient puiser des scènes bien faites pour frapper l'imagination de leurs hommes et leur faire aimer plus passionnément encore, un Drapeau qu'on a su si bien défendre. (1)

---

(1) J'ai cru devoir donner à ce récit la forme de conférence. C'est ainsi qu'il a déjà été présenté devant un certain nombre d'Officiers de la garnison de Nancy.

Messieurs,

Il peut sembler prétentieux, au premier abord, à ceux qui ont lu le journal de siège du Commandant Dominé, de voir quelque autre que lui, et des plus humbles, tenter de prendre la plume pour faire le même récit.

Son journal, en effet, restera un modèle inimitable.

On ne peut être plus simple, plus modeste et plus grand : le refaire serait l'amoindrir.

Mais il est un point de vue, une physionomie du récit que le Commandant Dominé, dans un journal officiel, n'a pu aborder : c'est le côté anecdotique, humoristique, qui me permettra de vous faire voir jusqu'à quel point, le moral du chef s'est communiqué à la troupe, qui me permettra surtout de vous entretenir de ce chef, qui, dans son exquise modestie, a parlé de tous, excepté de lui.

Vous savez, MM, que le corps expéditionnaire, sauf de faibles garnisons laissées dans les postes du Delta, était presque tout entier du côté de Lang-Son, repoussant l'invasion chinoise du Quan-Si et vengeant dans ses rapides et glorieuses étapes, le guet-apens de Bac-Lé. Le général en chef pensait bien que les Chinois du Yu-Nam ne perdraient pas cette occasion de faire de leur côté une puissante diversion et d'envahir la vallée du Fleuve-Rouge et du Delta presque dégarnie de troupes. Tuyen-Quan, sentinelle avancée sur la rivière Claire, serait évidemment leur objectif.

Il confia avec assurance ce poste périlleux au Commandant Dominé.

Deux compagnies de Légion, une compagnie de Tonkinois, 30 Artilleurs avec deux canons de 80, deux de 4 de montagne, deux Hoschkiss, un sergent et huit hommes du Génie, un médecin, un pasteur protestant, trois infirmiers, trois boulangers, voilà la garnison — Quinze cents coups de canon, 250000 cartouches d'infanterie, 4 mois de vivres, 75 outils de terrassier, voilà de quoi l'occuper.

J'allais oublier un excellent homme, un civil préposé aux vivres. Que diable venait-il faire dans cette galère ? Je ne puis y penser sans rire.

Vous dire que la garnison ne pensait nullement au redoutable siège qu'elle allait avoir à subir est bien inutile. Avec leur insouciance habituelle, les légionnaires avaient vu, en venant remplacer leurs camarades à Tuyen-Quan, un simple déplacement, un changement de garnison.

Dès l'instant qu'on y mettait la Légion, c'est que le poste ne valait pas cher ; mais elle était habituée aux « trous infects » que le Général de Négrier, pour la consoler, appelait des postes d'honneur.

Là ou ailleurs, peu importait. La citadelle qu'ils connaissaient pour l'avoir occupée les premiers au mois de Juin était bien misérable — Bast!

Les Chinois venaient depuis quelque temps dans ces parages donner des sérénades de nuit — Tant mieux! Comme la bicoque était une vraie cuvette et que, des collines environnantes on pouvait tirer dedans tant qu'on voulait, il allait falloir remuer de la terre. — Eh bien! est-ce qu'on n'en avait pas remué, de la terre, à Ba-Tang, à Son-Tay, à Bac-Ninh, à Hong-Hoa, et ailleurs! on en remuerait.

Et ils se mirent carrément à la besogne, gaiement, courageusement et intelligemment, ce qui ne gâte rien.

Je dois dire que nos deux compagnies (1e et 2e) venaient débloquer à Tuyen-Quan les deux autres compagnies du Bataillon (3e et 4e) qui avaient eu déjà maille à partir avec les Chinois depuis quelques temps. Il nous avait fallu livrer un combat assez meurtrier la veille (12 Novembre 1884) pour pénétrer jusqu'à la place; notre arrivée fut marquée par une chasse assez mouvementée qu'il faut que je vous conte : Nous trouvâmes à la citadelle, en y arrivant, un tout autre aspect qu'à notre premier voyage en Juin dernier, époque à laquelle nous l'avions occupée pour la première fois. On voyait que la Légion était passée par là. C'était maintenant propre et vivant.

Une heure après notre arrivée, mon Capitaine, le Capitaine, de Borelli, me fit appeler et me dit : «L'ordre vient d'être donné que les 1e et 2e Compagnies du Bataillon resteraient ici pour y tenir garnison et relèveraient ainsi les 3e et 4e qui vont aller prendre notre place à Hong-Hoa — Donc, ajouta-t-il, nous restons, nous prenons le casernement de la 3e (Capitaine Chmitelin) — Le Capitaine de la 3e nous passe quelques provisions et entre autres trois porcs pour l'ordinaire — Le prix a été de trois piastres, j'ai payé; seulement il faut attraper les trois porcs, ils rôdent dans la citadelle, ils vivent en liberté — débrouillez-vous, bonsoir»

Je n'osai répondre à mon Capitaine qu'il avait été imprudent, et qu'avec les légionnaires, les trois cochons risquaient fort d'être clandestinement assassinés, dépecés et avalés (pas par nous, bien entendu) — Mes sinistres prévisions n'avaient pu se réaliser encore et j'organisai de suite avec mon caporal d'ordinaire et trois limiers dégourdis

une chasse aux cochons (de vrais sangliers quand à la couleur) qui nous laissera longtemps dans l'esprit le premier joyeux souvenir de notre séjour à Tuyen-Quan — Ce fut épique — Au bout d'une heure cependant, force resta à la loi et les trois prisonniers furent ficelés, enfermés et gardés à vue comme jamais oncques pirates ne le furent. Cette surveillance dura jusqu'au départ des deux autres compagnies — Douce confiance ! Nous voilà donc dans la place.

Il paraît cependant, qu'un grand nombre de Chinois sont signalés autour de nous. A Than-Quan, dix mille, à Phuam-Binh, deux mille, à Phu-Doan, mille.

Le Commandant organise chaque jour des reconnaissances à quelques kilomètres de la place. La présence des Chinois est confirmée, mais on n'en voit pas encore. Même, le 3 Décembre, un convoi de 38 bœufs est apporté par la canonnière, l'Eclair, (jusqu'à Yuoc, du moins.)

Enfin, le 4 Décembre 1884, 50 Pavillons viennent jouer de la trompette à 2 kilomètres de la redoute.

Le 7, une compagnie et trente tirailleurs tonkinois bouscule à Dong-Yen (à 5 kilomètres au S. O.) des Chinois au nombre de 500.

Le 9, on fait un prisonnier qui confirme un renseignement de la veille, à savoir que 1800 Chinois sont installés aux environs.

Décidément les Légionnaires pensent qu'on ne va pas s'ennuyer.

Quand au Commandant, depuis longtemps il est fixé et sentant l'orage venir, mais sans en rien dire à personne, il commence à prendre ses dispositions et veille au grain. Depuis plusieurs jours déjà, on a fait entrer dans la place des matériaux que Bobillot (1) et ses hommes aidés des coolies ont été chercher à 2 kilomètres de la citadelle. Ils proviennent d'une pagode qu'on a démolie.

Cette fameuse pagode me rappelle une aventure vraiment drôle, quoiqu'elle ait bien failli ne pas l'être.

Je vais être, MM. obligé de vous parler de moi; mais comme l'aventure n'est pas précisément à mon avantage, je le fais sans scrupules.

La première fois qu'on alla pour démolir cette pagode, j'escortais avec ma section (40 hommes) le sergent Bobillot, ses sapeurs et trente coolies chargés de la démolition. Cette pagode était en plein bois. J'organisai de suite une ligne de surveillance dans toutes les directions, afin

---

(1) Bobillot, sergent chef du Génie de la place — a été blessé au rempart le 18 Février -- Evacué sur Hanoï le 3 Mars lorsque la place a été débloquée et transporté à l'hôpital d'Hanoï où il mourut le 18 Mars des suites de sa blessure. C'est une belle figure militaire.

J'en parlerai souvent dans le cours de ce récit.

d'éviter une surprise pendant le travail qui dura environ 1 heure et demie. La besogne faite, un coup de sifflet rappela mes hommes ; je reconstituai ma petite escorte et nous reprîmes le chemin de la citadelle.

Pendant leur faction, mes sentinelles n'avaient pas perdu leur temps. Tout en guettant, elles n'avaient rien trouvé de mieux que de cueillir des noisettes dans le bois et d'en avaler une certaine quantité. L'un d'eux, bien intentionné, en avait même épluché quelques-unes ; il vint m'en offrir ainsi qu'au sergent Bobillot et au sergent Liber qui m'accompagnait. Nous en mangeâmes tous trois et, tous trois, les déclarâmes excellentes.

Aussitôt rentrés, ma section revint à son cantonnement et j'allai rendre compte de ma mission au Commandant. Je n'avais pas fini mon petit discours, qu'une violente nausée l'interrompit. Tout mal à l'aise, je revins à ma caï-nha et quel ne fut mon étonnement de voir mes 40 hommes pris d'un mal de mer terrible et courir où..... vous savez !

Le médecin est prévenu. Il reconnait sans peine un empoisonnement général et s'en explique facilement la cause en trouvant entre les mains d'un homme une branche des fameuses noisettes (c'était une solanée de la plus dangereuse espèce) « Mal-

heureux, me dit il, qu'avez-vous fait ? Vous avez
empoisonné votre section. Vite un infirmier, de
l'ipéca, du lait concentré. Rassemblez vos hommes
de suite, toute la troisième section. — Jamais rassemblement ne fut plus vite exécuté ; et, séance
tenante, une purge, du lait furent administrés.

Mais, M. le Major, disaient quelques hommes,
je n'étais pas en reconnaissance. — de quelle section
êtes-vous ? De la 3e—. Alors avalez, pas de discussion.
C'eut été à se tordre de rire, si l'on ne s'était pas
déjà tordu d'autre chose ».

Tout le monde couché, dit le docteur, je verrai
chacun dans une heure — Une heure après, aucun
danger n'était plus à craindre pour les hommes.
Mais Bobillot, Liber et moi qui avions mangé plus
de noisettes que les autres, car on nous les avait
données tout épluchées, fûmes malades pendant
trois jours à y passer.

Un quatrain me paya de ma frayeur. Je vous
le donne pour ce qu'il vaut :

> Pour le coup, j'en perds l'esprit,
> Tout au moins ma raison s'insurge.
> Je viens pour purger le pays,
> Et c'est le pays qui me purge.

Ajouterai-je que le Commandant donna l'ordre
à mon Capitaine de m'infliger une punition pour
avoir toléré que mes hommes mangeassent des

Pour le coup j'en perds l'esprit
Et vraiment ma raison s'insurge
Je viens pour purger le pays
Et c'est le pays qui me purge.

Six jours dans notre malheureux sort
Sont aussi cocass' sur mon âme
Que quelqu'ordre du jour de blâme
Envers des condamnés à mort.

fruits qui les avaient incommodés — Il fallut une sanction à mon imprudence.

Mon Capitaine vint me trouver sur mon lit de douleur et m'annonça en riant qu'il me collait 4 jours.

Je me vengeai de nouveau

> Quatre jours dans mon malheureux sort
> Sont aussi cocass' sur mon âme,
> Que quelqu'ordre du jour de blâme
> Envers des condamnés à mort.

Mais je plaisante et le temps est venu de ne plus rire. Décidément les Chinois sont nombreux autour de la place et le moment n'est pas éloigné où ils vont se montrer entreprenants.

Il faut que je vous décrive, je le ferai vite, la bicoque que nous allions avoir à défendre.

Tuyen-Quan est situé sur la rive droite de la Rivière Claire à 50 kilomètres au dessus du confluent de cette rivière avec le Fleuve-Rouge. Le village ne consiste plus qu'en quelques caï-nhas habitées par une centaine d'habitants. Toute la contrée a été dévastée. La citadelle est une vieille enceinte en pierres sèches, de forme carrée, de 268 mètres de côté. Les murs ont 3 mètres de haut, le parapet 0.80 d'épaisseur. Une banquette tout autour en dedans. En dehors, des semblants de fossés à moitié comblés. Sur chaque face, une demi tour faisant flanquement.

Dans chaque demi-tour, sauf sur la face Nord, une porte avec mirador au-dessus — Au centre de la citadelle, un énorme mamelon de 70 mètres de hauteur; tout autour, quelques magasins à riz, quelques caï-nhas; sur le mamelon, un plateau où se trouvent des constructions en pierre. On y arrive par un escalier droit sur le côté Sud du mamelon et composé de 193 marches.

La seule porte qui soit ouverte est celle de la face Est donnant accès sur la Rivière-Claire, laquelle court parallèlement à cette face, à une distance de 25 mètres — Par cette porte, on communique avec le fleuve et, par un chemin couvert, avec les pagodes fortifiées (voir croquis) qui forment le cantonnement de la compagnie de tirailleurs Tonkinois.

La redoute, et c'est là ce qui constituait pour les défenseurs une position très désavantageuse, est entourée de collines ou de mamelons très rapprochés; un, entre autres, est à 300 mètres du saillant Sud Ouest (voir croquis) (1)

Cette position occupée par un assaillant rendrait la citadelle exposée à un feu extrêmement meurtrier. Le Commandant qui prévoit un siège pied à pied, ordonne d'établir là un ouvrage qui battera de ses feux les hauteurs voisines.

(1) D'autres plus près encore — 70 mètres (face Ouest) — 25 mètres (saillant N O).

Tuyen-Quan et ses abords
1884-85

(1) Citadelle
(2) Pagode des tirailleurs tonkinois
(3) Cavonière (la mitrailleuse)
(4) Blockaus
(5 5 5) Parallèles

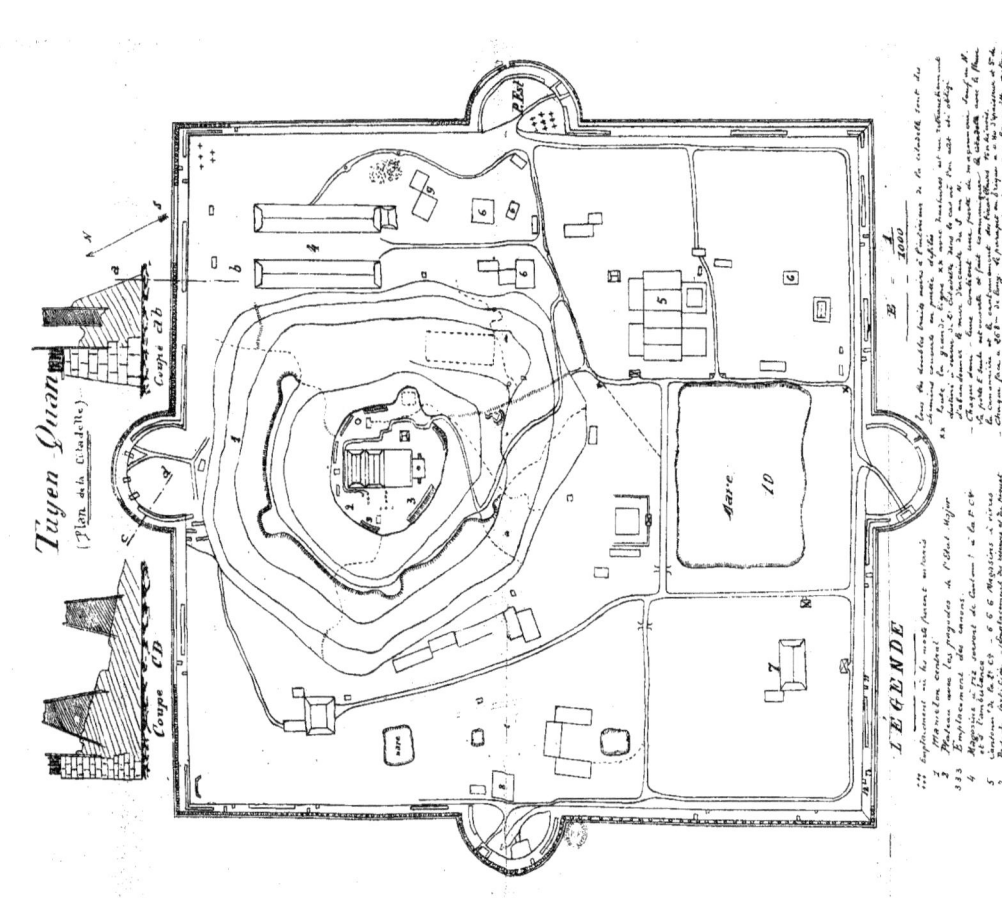

Bobillot commence ce blockauss le **11** Décembre. En 5 jours, c'est à dire avec une rapidité extraordinaire il mène son travail à bonne fin. C'est une redoute couverte, en pierres sèches, avec créneaux, palanques, abatis, glacis et champ de tir bien dégagé. Il peut résister à une attaque de vive force. Il est occupé par un sergent et douze hommes qui seront relevés toutes les **24** heures.

Ce petit blockhaus aura lui aussi son petit siège de quelques jours ; et vous verrez tout à l'heure que sa défense, pour avoir été moins longue, n'aura été ni moins périlleuse, ni moins crâne aussi que celle de la place elle-même.

Les renseignements des espions signalent **1500** à **2000** Chinois autour de nous; il faut contrôler ce renseignement. Une reconnaissance, la plus forte d'ailleurs qui ait été faite et la dernière, est chargée de cette mission; une compagnie de Légion, la 1re, une pièce de 4 à 30 coups, quarante tirailleurs tonkinois, un détachement d'ambulance la composent. Cette reconnaissance faillit nous coûter cher.

Elle alla jusqu'à Dong-Yen, c'est-à-dire à 4 kilomètres au S O, tomba sur les fortins Chinois, enleva un petit poste et une tranchée, força les Chinois à se montrer, mais fut obligée de livrer un véritable combat qui donna le temps aux contingents d'Y-La et de Yen de cerner la colonne et de lui couper la route de la citadelle.

Ils faillirent réussir, mais l'on veillait de la place et le Commandant jugea la posture de la compagnie engagée assez inquiétante pour envoyer à la rescousse un peloton de la compagnie restée à la citadelle, qui assura la ligne de retraite.

Nous rentrâmes avec neuf blessés, après avoir mis par terre une centaine de Chinois, mais surtout après avoir forcé l'ennemi à se montrer et à se faire compter.

Il ne fallait plus songer à s'éloigner du poste. Ce fut la dernière véritable reconnaissance et, à partir de ce moment, des patrouilles seules purent rayonner à petite distance.

On ne savait encore ce que l'avenir nous réservait, mais l'air commençait à manquer autour de nous.

Le Commandant se tint prêt à tout événement et il commença avec une prévoyance et une méthode admirables l'aménagement défensif de la citadelle, qui telle qu'elle était, fut devenue intenable. En effet, le croquis à vol d'oiseau que je vous présente suffira à vous le démontrer.

Je vous ai dit que Tuyen-Quan était une cuvette, à cause des mouvements de terrain qui commandaient la place à peu de distance. Or,

Légende des travaux les plus urgents à exécuter pour la
Demi-lune Ouest et la Demi-lune Est.

1º Demi-lune Ouest
- A compléter le Parados
- B achever l'abaissement du terre-plein
- C enlever les Gabions

2º Face Gauche du Saillant Nord Ouest
- D Travers de Déflement avec Passage
- E abaissement du terre-plein
- G [illegible]

3º Face Droite du Saillant Nord Ouest
- H traverse de déflement avec passage
- I abaissement du terre plein

4º Demi-lune Nord
- J achever le Parados
- K achever les abaissements du terre-plein
- L Placer des Gabions jusqu'à l'angle d'épaule et en ajouter à droite
- M Faire une traverse avec banquette tournant des feux sur les mamelons et faisant une partie de la Demi-lune
- N travaux à maintenir
- O Parados à réduire

5º Face de Gauche du Saillant N. Est
- P Q Gabions sur le Parapet
- R Traverse avec passage
- S Enlever les Gabions

6º Face Droite du Saillant Nord Est
- T Parados avec retour circulaire en capitale du Saillant
- V traverse simple

6º Demi-lune Est
- X Parados
- Y traverse

que faire pour se mettre à l'abri dans une cuvette? En élever les bords et faire des trous dans la terre; se terrer. On éleva les bords par des gabions posés sur le parapet trop peu élevé; on construisit sur le terre-plein des traverses et des parados pour abriter les postes de combat de chaque escouade.

On creusa dans toute la citadelle des cheminements a peu près couverts, en zigs-zags, avec parc-à-balles, de place en place. On aménagea, pour le garantir des bombes et des balles, le logement des hommes et des officiers.

On construisit un chemin pour monter au mamelon. Et si je vous dis que l'on fit environ 3 à 400 gabions, que l'on éleva peut-être 150 mètres de traverses ou de parados, que l'on creusa 1500 mètres de chemins couverts, vous vous demanderez comment en peu de temps, avec peu d'hommes, avec 75 outils de terrassiers et quelques hachettes, on put mener à bien ce travail gigantesque.

J'avoue que moi-même qui l'ai vu exécuter, je me pose la même question, et je me demande ce que l'on doit le plus admirer: de l'éclatante bravoure des soldats couronnant les brèches et livrant combat, ou de leur remarquable endurance au travail de la tranchée.

Mais c'est qu'aussi. M. M, le Chef avait su avec un tel art répartir la besogne, prévoir en temps utile le travail à exécuter, l'échelonner pour mieux dire en une progression savante et méthodique que l'on eut pu croire que le Général en chef chinois envoyait chaque jour au Commandant Dominé le thème de ses entreprises du lendemain contre la place.

Combien de fois, lorsqu'un nouveau mouvement de terrain était occupé par l'ennemi, lorsqu'une mine faisait sauter 20 mètres de mur, lorsqu'une batterie ennemie venait à ouvrir son feu d'un nouveau point, combien de fois, dis-je, n'entendait-on pas quelque officier ou soldat dire: Voyez, si on n'avait pas construit tel chemin couvert, si l'on n'avait pas élevé telle traverse, si on n'avait pas blindé telle caï-nha,que serait-il arrivé ?

Les parades étaient merveilleusement adaptées aux attaques. Quant aux ripostes, je vous en parlerai tout à l'heure, il y en eut d'assez originales. Mais plus tard....

Du 20 Décembre au 25 Janvier, on commença donc ces travaux. Des patrouilles et des embuscades, des attaques contre le blockauss de plus en plus entreprenantes, quelques coups de fusil la nuit, la nouvelle que l'ennemi devenait plus nombreux, les communications avec le Delta coupées : voilà les événements de cette période.

Le cercle se resserrait, mais enfin on pouvait sortir encore à quelques centaines de mètres de la redoute.

Lorsque, tout à coup, le 26 Janvier à 5 heures du matin, un vacarme infernal se fait entendre : une fusillade épouvantable, le village anamite incendié sous nos murs, les quelques habitants se réfugiant, en poussant des cris, chez les Tirailleurs Tonkinois, des fusées lancées dans la citadelle, des tams-tams, des gongs, des trompettes, enfin quelque chose d'indescriptible.

En même temps, la face Sud et la face Nord sont attaquées. Trois colonnes d'attaque se lancent sur le blockhauss qui, heureusement les tient en respect en leur tuant beaucoup de monde.

A 9 heures du matin, l'ennemi était repoussé; nous n'avions que deux blessés. C'était peu. Mais du côté de la face Sud, l'ennemi profitant du terrain couvert, avait établi une ligne de retranchements qui se trouva n'être qu'à 550 mètres des Tirailleurs Tonkinois. Ce fut leur première parallèle — « Pendant toute la journée du 26, dit le journal du siège, de leur nouvelle ligne d'investissement, les Chinois ne cessent de tirer sur les Tirailleurs Tonkinois et la citadelle dans laquelle les projectiles tombent de toutes parts.

Leur travail ne se ralentit pas de toute l'après-midi ; des fascines et des branches d'arbres sont apportées sur la ligne d'investissement. Il n'y a plus à douter, c'est une attaque pied à pied qui se prépare. »

A partir de ce moment, pendant trente et quelques jours, c'est un bombardement continu. Les hommes finissent tellement par s'y habituer que, lorsque le feu de l'ennemi subit une accalmie quelconque, on s'étonne, j'allais dire, on s'inquiète.

Cette accalmie se produit tous les jours vers dix heures du matin; c'est l'heure où les Chinois mangent le tiou-tiou et fument l'opium. Nous en profitons pour faire comme eux. Le tiou-tiou est remplacé chez nous par la soupe et, malheureusement, l'opium que nous ne fumons pas n'est guère remplacé par le tabac; c'est là une privation très dure pour nos hommes. Notre provision n'a pu être renouvelée, faute de communications et la recherche d'une pipe ou d'une cigarette devient un problème de jour en jour plus difficile à résoudre. (1)

---

(1) A un moment du siège (la date m'échappe mais enfin à un moment où les communications étaient rompues depuis longtemps avec le dehors, et où nous souffrions horriblement du manque de tabac, il m'en tomba du Ciel miraculeusement. Voici· — Un soir, j'étais au rempart, à mon poste de combat, un homme de ma compagnie qui était de garde à la porte Est (porte d'entrée) vint tout essoufflé me dire: «Chef, on vous demande à la porte Est,

Je reviens à mon récit. Cette heure du repas le matin, me rappelle les seuls vrais bons moments du siège. Les Officiers de la 2e Compagnie, les deux sergents-majors de la Légion, dont votre serviteur, le sergent Bobillot et cet excellent Monsieur Gauthier de Rougemont le préposé aux vivres, font popote ensemble et pour cause; Il n'y a qu'une salle à manger tenable : on l'a installée

il y a un colis pour vous.» C'était si drôle, que je ne pus m'empêcher d'éclater de rire. — Puis reprenant mon sérieux et ma dignité je repris : «Tu te f... de moi, si c'est une plaisanterie, je la trouve mauvaise, tu diras ça à celui qui t'envoie, file....» Mais, Chef, me dit l'homme tout déconfit, je vous jure que c'est vrai -- » J'allai donc à la porte Est, et j'avoue que ces déplacements étaient plutôt désagréables, étant donnés les «corps étrangers» qui se promenaient dans l'espace à toute minute. - Arrivé là, j'aperçois un rassemblement et au milieu un Anamite ruisselant d'eau qu'on interrogeait. C'était un tram (courrier) qui était remonté en sampan (barque) la Rivière Claire, porteur de dépêches - Il avait presque atteint le poste grâce à la nuit, lorsque les Chinois l'avaient aperçu et l'avaient obligé à se jeter à l'eau pour échapper à leurs balles. - Ce brave garçon avait ficelé autour de lui ses dépêches et colis et c'est ainsi qu'un colis qui m'était envoyé par un cantinier d'Hong-Hoa quelques semaines auparavant me parvenait contenant ô fortune ! dix paquets de tabac trempé.... Vous pensez si le partage entre mon Capitaine, mon ami Bobillot, tous les deux fumeurs enragés, deux de mes camarades, nos blessés de l'ambulance nous donnèrent une grosse part à chacun -- N'importe - Nous fumâmes toute la nuit, notre tabac mouillé -- C'était horrible et..... délicieux.

dans une petite pagode au milieu de la citadelle; on l'a blindée à peu près.

Notre cuisinier fait des prodiges de gymnastique pour apporter notre pitance, de sa cuisine, sans recevoir de projectiles. Il a un entrain endiablé. Le menu est peu varié : c'est la boîte d'endaubage en ragoût, en boulettes, aux oignons. C'est toujours la même chose. Mais, chaque jour, il donne un nom ronflant au plat qu'il apporte et il n'en faut pas davantage pour que nous nous déclarions satisfaits.

C'est l'heure de détente : on fait de l'esprit, chacun raconte les événements de la nuit précédente; Bobillot, en vrai parisien, a une verve intarissable. Le père Gauthier, qui ne sait même pas charger un pistolet, se lamente et nous raconte ses frayeurs ; il a blindé son magasin de vivres d'une façon formidable : des briquettes de charbon, des caisses à biscuit, des sacs de farine, que sais-je ? Aucune pièce de fort calibre ne pourrait traverser tout cela. Aussi n'est-il heureux que lors qu'il est chez lui. Mais il doit en sortir pour venir manger avec nous, et dame! le chemin à parcourir n'est pas précisément très défilé : aussi ceux d'entre nous qui sont arrivés les premiers, attendent-ils avec impatience sa venue pour jouir du spectacle.

Il commence à mettre le nez hors de son

réduit qui est à 50 ou 60 mètres de notre salle de festin, puis il se précipite dans un bout de chemin défilé qui y conduit ; il se terre, il s'élance de nouveau, traverse au pas de course les endroits à découvert et après bien des terreurs, il arrive tout essoufflé, tout ému. C'est à mourir de rire.

Le repas terminé, chacun file à son logement ou à son poste de combat et, il faut le dire sans vergogne, on est moins gai que tout à l'heure. Si le père Gauthier nous regarde, il doit rire à son tour.

Nous sommes devenus très forts sur l'emploi du terrain : le moindre gabion, le moindre pan de mur est savamment utilisé pour éviter les projectiles qui tombent dru.

Je ne parle que pour mémoire du repas du soir : on mange chez soi ou à son poste de combat : un morceau de pain, un verre de vin, n'importe quoi. Il n'y a pas à dire: la nuit approche, on a moins faim que le matin; on a certainement moins d'esprit. A 6 heures du soir, chacun est à son poste, soit de garde au rempart, soit de piquet, soit en réserve dans un réduit quelconque aménagé à proximité du parapet.

Le Commandant a organisé le service de la façon suivante : une section de garde sur le rempart, une section de piquet, deux sections de réserve dans chaque compagnie, de façon que chacun ait des heures de repos bien nettes et bien réparties. Cependant au bout d'un certain temps, le service devient très pénible en raison des pertes subies, des alertes continuelles, des mines qui sautent, etc, etc . . . . (1)

Le blockhauss dont je vous ai parlé, établi sur le mamelon S O, à 300 mètres va forcément être abandonné par sa petite garnison. Il a d'ailleurs rendu un service inapréciable, car il a retardé de beaucoup l'approche de l'ennemi.

Mais celui-ci chemine pied à pied : il a établi une première parallèle devant les faces Sud et Ouest, puis une deuxième et le sergent qui était de garde au blockhauss dans la nuit du 28 au 29 Janvier, rend compte que la tranchée par laquelle les Chinois marchent sur lui n'est plus qu'à 100 mètres. Le sergent Bobillot va s'assurer du fait : il est exact.

« Dans ces conditions, dit le Commandant Dominé, le blockhauss peut encore tenir toute la nuit et peut-être la journée du lendemain; il importe de retarder le plus possible son évacuation car les travaux de défilement de la citadelle ne sont pas terminés. Le bombardement continue.

C'est le 30 Janvier, à 10 heures du matin,

---

(1) Il n'y a plus que trois sections par compagnie et encore !

que le blockhauss est évacué par sa petite garnison.

Toutes les pièces du mamelon sont pointées sur lui. Les tireurs de position se tiennent prêts; tout le monde là haut, les Officiers eux-mêmes ont pris un fusil. Un signal est donné, la petite garnison du blockhauss le quitte homme par homme et revient vers la citadelle. A peine l'ouvrage est-il évacué que les Chinois s'y précipitent, y plantent un pavillon en poussant des cris de triomphe ; mais leur joie est de courte durée.

Feu ! crie au mamelon le Commandant Dominé, et une grêle d'obus et de balles viennent balayer les assaillants qui se sont jetés sur le blockhauss abandonné. De toute la journée, aucun n'ose y rentrer.

C'est avec la rage dans le cœur que nous nous voyons obligés d'abandonner notre petit fortin. La courageuse petite garnison n'y a rien laissé. Une caisse de cartouches a été rapportée par eux à dos d'homme. Il y avait encore une caisse à biscuit à moitié pleine qu'on allait abandonner là-bas; le dernier légionnaire en s'éloignant, au risque de se faire prendre, s'arrête. Ces sales Chinois n'en mangeront pas non plus, dit-il » et il la jette dans la feuillée du blockhauss.

Le détail est trivial, M M, l'acte n'est pas sans grandeur.

Voilà l'ennemi maître d'une position extrêmement dangereuse pour nous. A partir de cet instant, il s'avance à pas de géant. Sa ligne se rapproche ; il occupe un mamelon à 60 mètres de la citadelle sur la face O, et un autre à 25 mètres au saillant N. O, contre notre haie de bambous.

La banquette de la face Ouest n'est plus tenable de ce fait. On imagine de placer debout cinq ou six énormes planches en bois dur de 5 centimètres d'épaisseur contre le mur du saillant N. O, et on constitue ainsi une traverse assez ingénieuse que les Chinois du petit mamelon, à 25 mètres (N. O) essayent à plusieurs reprises de décrocher à l'aide de grappins.

Ce parapet improvisé n'est pas sans présenter des solutions de continuité entre les planches, si bien qu'un beau soir, un légionnaire de ma section, un nommé Claès qui se trouvait en faction derrière ces planches, eut le nez légèrement raccourci par un projectile, blessure peu grave, qui fit rire tout le monde, le blessé le premier. Vous pensez si les loustics de la compagnie en firent de gorges chaudes : « Oh quel nez ! — Il a dû faire un nez, etc. — Cyrano lui-même n'eut pas fait mieux.

Les Chinois tentent plusieurs attaques de vive force contre les tirailleurs tonkinois, ils sont repoussés.

Ils s'établissent sur la rive gauche du fleuve et leur tir devient horriblement gênant pour les tirailleurs tonkinois et la Mitrailleuse.

Le bombardement redouble d'intensité et ses effets deviennent plus meurtriers. Le Commandant Dominé croit être au-dessous de la vérité en estimant à **10000** coups de fusil et 300 coups de canon ou de fusils de rempart leur feu dans une journée.

Chez nous, le Commandant tient la main d'une façon **très rigoureuse** à la discipline du feu et au ménagement des munitions : les sentinelles du rempart tirent peu ; la plus grande partie des cartouches brûlées le sont par nos tireurs de position, 25 environ pris parmis les meilleurs de la Légion. Ils sont installés au mamelon dans un retranchement improvisé ; ils tirent peu mais bien. Tout Chinois qui montre la tête dans la ligne d'investissement a de leurs nouvelles ; on voit ramasser leurs morts : une quinzaine par jour, sans compter ceux qui périront dans des assauts tentés lors des explosions de mines.

(Sarback) Un de nos hommes, un Suisse, très bon tireur, en est à son 20e Chinois par terre. Il finit lui-même par recevoir une balle au front qui le met hors de combat. — Il recommencera, dit-il, quand il sera guéri.

L'aspect de la plaine et de la ligne d'investissement est curieuse. Des quantités de pavillons jalonnent cette ligne; il y en a de toutes les couleurs.

Le 6 Février au matin, l'adversaire s'est approché perpendiculairement sur le mur en recouvrant sa tête par un masque de fascines qu'il fait avancer au fur et à mesure de son travail. Il arrive ainsi à 5 mètres du mur, là, il plante un drapeau. C'est trop fort. Un engin imaginé par le Lieutenant Gœury, en forme de nœud coulant, va enlever le dit pavillon. Deux Chinois qui s'accrochent à lui pour le retenir sont tués par deux légionnaires postés en vue de cette éventualité. L'événement est raconté et c'en est assez pour égayer toute la garnison pendant 24 heures.

Puisque je vous parle d'engins, il me faut signaler un engin d'un autre âge : le **machicoulis**. Les Chinois travaillent très près du mur; il faut que nos factionnaires puissent voir par dessus ce mur et se pencher parfois pour observer et écouter. Vous devez comprendre, M M, que c'eût été à chaque coup une mort certaine pour des observateurs placés ainsi à découvert. On construisit donc de place en place, aux points où les travaux d'approche étaient les plus menaçants des machicoulis placés sur le mur. Les planches du

Machicoulis en planches de bois dur placés sur le parapet

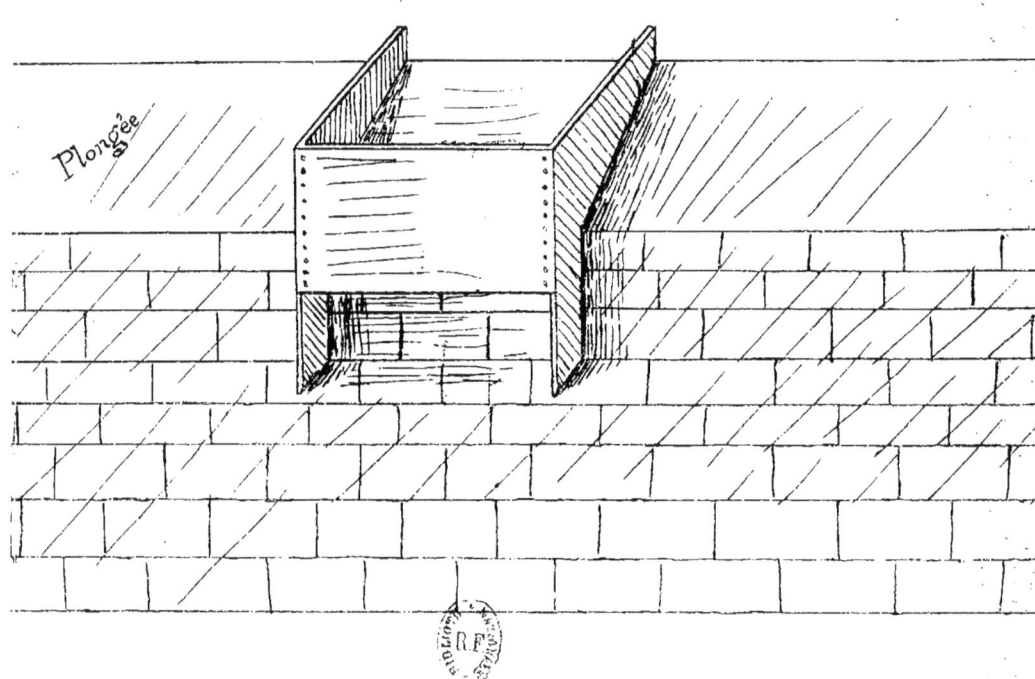

magasin à riz en firent les frais. Le croquis ci-joint vous en donnera une idée. Il est vrai de dire que les Chinois en crochetèrent quelques-uns.

Nous sommes au 8 Février; nous avons déjà 6 tués et 22 blessés.

Dès le 4 Février, l'ambulance, blessés et matériel, a été transportée dans une partie du cantonnement de la 1re compagnie, l'ancien emplacement au saillant Nord-Ouest n'étant plus tenable depuis l'évacuation du blockhauss.

Je me rappelle encore cette promenade de brancards portant les blessés au milieu d'une grêle de balles. Ils souffrent mais ils comprennent, ces pauvres diables, qu'ils doivent faire preuve de courage et de résignation ; ils retiennent leurs cris de douleur : il ne faut pas affaiblir le moral de leurs camarades encore non atteints. Ils facilitent la tâche du seul médecin de la place qui dans quelques jours sera débordé.

Ils n'ont ni matelas, ni lits ; un peu de paille, quelques mauvaises couvertures. Le magasin à riz dans lequel on les transporte n'est pas tout à fait à l'abri des projectiles ennemis, les balles crépitent sur la toiture, quelques bombes éclatent au-dessus d'eux — Ils pensent certainement au sort qui leur est réservé si jamais les Chinois entrent dans la place. Rien n'ébranle leur énergie. Officiers, médecin, pasteur, camarades, viennent leur apporter soins et encouragements.

A chaque instant l'un d'eux est emporté pour ne plus revenir, de nouveaux blessés sont amenés, chaque jour plus nombreux.

Quand un homme est tué ou qu'un blessé vient à mourir, vite, il est porté dans une petite caï-nha en bambous située près de la 1re Compagnie : c'est la salle des morts.

Le temps manque pour lui faire un cercueil, avec quoi, d'ailleurs ? L'homme est roulé dans une natte et c'est ainsi qu'il reposera tout à l'heure dans la fosse qu'on a creusée à la hâte en un coin de la citadelle.

Le Commandant a donné l'ordre que le cortège soit restreint le plus possible, un attroupement quelconque serait dangereux : les officiers de la compagnie avec quelques sous-officiers, quatre hommes en armes et les porteurs.

Le pasteur précède le cortège, dit une prière.

Quand c'est un catholique, mon Capitaine, le Capitaine de Borelli s'agenouille au bord de la tombe, dit un « pater » et un « ave ». Chacun jette une poignée de terre et c'est tout. C'est vraiment empoignant de voir ce capitaine à barbe grise qui tout à l'heure, montrait au rempart la bravoure chevaleresque du soldat, faisant au bord de la tombe d'un de ses légionnaires, l'office d'un prêtre.

Il a retracé cette scène, si souvent renouvelée pendant cette épopée sanglante, en une délicieuse poésie. Permettez-moi de vous la dire.

Dormez dans la grandeur de votre sacrifice,
Dormez, que nul regret ne vienne vous hanter,
Dormez dans cette paix large et libératrice
Où ma pensée en deuil ira vous visiter.

Je sais où retrouver à leur suprême étape
Tous ceux dont la grande herbe a bu le sang vermeil,
Et ceux qu'ont engloutis les pièges de la sape
Et ceux qu'ont dévorés la fièvre et le soleil.

Et ma pitié fidèle, au souvenir unie,
Va, du vieux Wunderli (1) qui tomba le premier,
En suivant une longue et rouge litanie.
Jusqu'à toi, mon Streibler (2) qu'on tua le dernier.

(Wunderli fut tué net d'une balle dans la tête le jour de notre arrivée à Tuyen-Quan (12 Novembre) au combat de Yuoc.

C'était un suisse, vieux légionnaire, excellent soldat et un brave qui avait fait ses preuves.

(2) Ce fut Streibler qui fut le dernier tué du siège. Il reçut une balle qui lui traversa le cou, le matin même du jour où nous fûmes débloqués.

Voici dans quelles circonstances: Depuis la veille, (2 Mars) nous entendions la canonnade - C'était la colonne

D'ici je vous revois, rangés à fleur de terre,
Dans la fosse hâtive où je vous ai laissés,
Rigides, revêtus de vos habits de guerre.
Et d'étranges linceuils faits de roseaux tressés,

Les survivants ont dit, et j'ai servi de prêtre,

de secours qui se battait à Hoa-Moc - Les Chinois qui nous assiégeaient étaient allés pour le plus grand nombre prendre part à l'action et s'efforcer d'arrêter nos libérateurs. La fusillade était moins vive autour de nous - Le 3 Mars au matin, le Commandant fit sortir une section de Tonkinois et une section de la Légion, la mienne. Nous constatâmes que la plupart des tranchées chinoises étaient abandonnées - Cependant un fortin casematé (face Ouest) situé à 75 mètres du rempart était encore tenu par quelques Chinois qui ouvrirent le feu sur nous dès que nous parûmes - Deux tirailleurs tonkinois et un de mes caporaux, le caporal Galimberti, furent blessés.

La section de la Légion se porta sur le fortin. De chaque embrasure partaient des coups de feu - Le Capitaine de Borelli qui venait de nous rejoindre, impatient de voir l'ennemi faire une résistance opiniâtre et qui menaçait de devenir très meurtrière, se jeta avec sa bravoure habituelle près de l'entrée de la casemate, faisant mine d'y descendre, révolver au poing. Je le suivis, bien décidé à empêcher cette héroïque folie. - Un brave, le légionnaire Streibler, voyant le danger, se précipita baïonnette au canon devant nous. Il reçut à bout portant, une balle chinoise qui le tua net. - En donnant ainsi sa vie il sauvait celle de son chef. - Ce fut simple et magnifique

Je dois ajouter que Streibler sortait à peine de l'ambulance où il était entré le 12 Novembre à la suite du combat de Yuoc. - Ce jour-là le bras cassé par une balle, il refusa d'aller à l'ambulance avant la fin de l'action continuant à se servir du seul bras valide. Témoin du fait, je le signalai au Capitaine qui fit médailler Streibler.

L'adieu du camarade à votre corps meurtri,
Certain geste fut fait, bien gauchement peut-être,
Pourtant je ne crois pas que personne en ait ri.

Mais quelqu'un vous prenait dans sa gloire étoilée
Et vous montrait d'en haut ceux qui priaient en bas
Quand je disais pour tous, d'une voix étranglée,
Le « Pater » et l'« Ave » que tous ne savaient pas.

Revenons au rempart, l'ennemi est au pied du mur, deux galeries sont très avancées.

Le 10, le mineur de l'une d'elles a gagné du terrain ; au point du jour, on commence deux contre-galeries pour aller à lui : c'est le seul moyen qui soit à notre disposition.

Dans la journée, le bombardement continue avec plus de fureur ; nous recevons une grande quantité d'obus à balles, bombes explosibles et fusées incendiaires.

Les ordres sont donnés dans le cas d'une explosion de mine : le génie a accumulé des gabions et des sacs à terre faits avec des toiles de tentes, des bambous, etc.., etc.. — près des points vers lesquels l'adversaire dirige ses deux galeries.

« Le moment où les réserves, dit le Commandant, devront s'élancer pour couronner les brèches sera celui où les Chinois eux-mêmes se porteront à l'assaut. Le moment sera indiqué par la charge. »

Les ordres sont clairs, nets, précis. Rien n'est laissé au hasard. C'est une manœuvre commandée, et voilà tout.

Le 11, les deux mineurs chinois et français sont à quelques centimètres l'un de l'autre. Le sapeur Maury donne un coup de pioche et se trouve en présence de son adversaire qui, sur ses gardes, décharge un révolver et blesse le sapeur Maury.

Mais Bobillot n'a pas été pris sans vert; vite, il comble l'ouverture et reconstitue un obstacle avec une palissade, puis, avec des seaux d'eau préparés, il inonde la mine pour la mettre hors de service.

Le 12, une première mine éclate, l'ennemi s'élance à l'assaut, mais le mur a été seulement crevé, la brèche n'est pas praticable. Ce n'est que partie remise.

La 2ᵉ galerie, vers le saillant S. O. avance ; nous ne pourrons arriver à temps. Il faut s'attendre à de nouvelles tentatives.

Le 13, à 3 heures du matin, une sourde explosion ébranle la citadelle. « Aux armes !! » C'est le saillant S. O. qui vient de sauter. Le Capitaine Moulinay couronne la brèche avec une section ; un retranchement hâtif est construit dans l'obscurité Un feu terrible commence de part et d'autre et dure jusqu'au jour ; nous avons cinq tués et une dizaine de blessés. L'un des morts, le nommé Schelbaum, a été précipité en dehors du rempart par l'explosion. Il est là, couché sur le dos, à 10 mètres en dehors du mur à moitié défiguré. On ne peut le laisser là (1).

Le caporal Beulin de la 2ᵉ compagnie, se présente au Commandant Dominé : « Mon Commandant, lui dit-il, il y a là un des nôtres mort de l'autre côté du rempart ; donnez-moi quatre hommes et un brancard et je vous jure de le rapporter. » Le Commandant lui tend la main et lui dit : « Allez ».

Aussitôt le mur est garni d'une vingtaine d'hommes destinés à ouvrir un feu violent sur la tranchée chinoise, pendant la sortie de Beulin.

Celui-ci part avec quatre hommes de bonne volonté. Au milieu d'une grêle de balles, il fait ramasser le corps de Schelbaum. Les Chinois, à quelques pas, assistent à cette entreprise héroïque et n'osent sortir de leur tranchée ; dix minutes

---

(1) Il était tellement défiguré que nous eûmes toutes les peines du monde à le reconnaître. — Mon camarade Husband et moi passâmes un grand quart d'heure, couchés dans un machicoulis sur le rempart et armés d'une jumelle pour reconnaitre à qui appartenait ce cadavre projeté à quelques pas du parapet.

après, Beulin rentrait avec son sanglant trophée. Officiers et soldats l'acclament à son retour. Un ordre de la place le fait sergent séance tenante. Il se distinguera bien souvent encore pendant le siège et, plus tard, la croix de la Légion d'Honneur brillera sur sa modeste tunique de sous-officier,

Je ne veux pas vous faire suivre pas à pas ces sanglantes journées. J'irai vite, — Sur la face Sud jusqu'à la porte Ouest, sept galeries de mines sont en train. Il est évident que le but des Chinois est de faire sauter 100 à 150 mètres de murs. On doit y parer.

Le plan du Commandant est fait : il faut construire dans la citadelle une deuxième citadelle avant que le rempart ait disparu. Les ordres sont donnés et, de suite, on se met à la besogne.

Un retranchement partant de la porte Sud, traversera la redoute du Sud au Nord, contournera le mamelon juuqu'à la demi-tour Nord : le croquis vous l'indique.

Le travail a lieu surtout pendant la nuit; de jour il est trop meurtrier. Mais la relève des travailleurs est difficile : il faut mettre chaque corvée nouvelle au courant du travail ; c'est une perte de temps. Bobillot qui seconde admirablement le Commandant propose d'organiser en deux brigades 40 légionnaires comme travailleurs :

Fac-similé d'un projet du Sergent Bobillot

— Projet relatif à la formation d'une brigade spéciale de travailleurs destinée à remplacer les corvées de Cie

Étant donné l'insuffisance relative du travail exécuté surtout la nuit par les corvées forcément ignorantes à chaque relève de la tâche à faire ; les retards apportés à la remise en train du travail par la translation des outils et les ordres à répéter chaque fois, la difficulté de conduire sans bruit par les nuits sombres des hommes qui ne savent pas à l'avance l'emplacement exact de leur chantier.

Le Sergent du génie a l'honneur de soumettre à M. le C. d'A. le projet suivant : 20 hommes par Cie choisis de préférence parmi les terrassiers seraient mis à la disposition du Sgt du génie qui pourrait ainsi les renseigner à l'avance sur les travaux à exécuter dans les 24 heures et pour donner rapidement l'instr°n spéciale qui leur manque. —

Les 40 hommes formés en 2 brigades se relevant de 3 heures en 3 heures auraient donc de 6h ½ du matin à 6h du soir (6h de travail chacun)

Pour la nuit 2 relèves soit 3 heures de travail pour chaque brigade donneraient à l'estimation du Sergent du génie des résultats supérieurs comme somme de travail à ceux obtenus précédemment.

Ces hommes ayant été pourvus à la formation des brigades d'un outil chacun, resteraient personnellement responsables de leur conservation et de leur entretien, ce qui éviterait des recherches et des pertes actuellement inévitables.

Les travailleurs seraient naturellement exempts de tout autre service. — Le Sergent du génie pense qu'une légère gratification soit prise en argent sur les fonds à la disposition du service du génie soit allouée en nature pourrait encourager les hommes dans ce service nouveau pour eux.

Ces 40 hommes seraient cantonnés en 2 groupes à proximité de la face ouest.

L'adoption de ce projet aurait pour plus grand avantage tout en fournissant au moins la même somme de travail d'assurer au reste de la troupe le repos de la nuit.

Ces travailleurs n'auraient pas à juger leur rôle de combattant amoindri puisque dans les circonstances présentes il leur serait toujours réservé une vraie tâche de soldat le couronnement de la brèche.

16 février

eux seuls auront les outils ; ce sont des terrassiers pour la plupart. Les compagnies, ainsi diminuées, seront organisées en trois sections au lieu de quatre.

Je retrouve dans mes notes, le brouillon du rapport fait par Bobillot au Commandant Dominé : il est écrit de sa main : il termine ainsi :

« Ces travailleurs n'auraient pas à juger leur rôle de combattants amoindri puisque, dans les circonstances présentes, il leur serait toujours réservé une vraie tâche de soldat : le couronnement de la brèche : »

Le projet est adopté : vite à la besogne.

La 2ᵉ citadelle s'élève, on monte au mamelon un mois de vivres, on creuse des trous pour chaque caisse de cartouches : la poudrière n'est plus en sûreté, une bombe pourrait l'atteindre et ce serait un désastre.

Les événements se précipitent. Le 17 au matin, le capitaine Dia (1) commandant les Ti-

---

(1) Le Capitaine Dia fut tué dans les circonstances suivantes. - C'était un excellent tireur, qui, chaque jour, prenait le fusil d'un de ses linhs (soldats tonkinois) et décrochait les Chinois qui apparaissaient autour de son cantonnement. - Il avait fait construire dans un coin de son cantonnement, une espèce de mirador (échelle) en bambous d'où il plongeait dans la plaine et de son créneau, tirait sur tout ennemi visible. - Ce créneau meurtrier servait d'objectif aux tireurs chinois et des centaines de

railleurs Tonkinois est tué. Le courage de ses hommes va-t-il être ébranlé à ce coup terrible ? Il n'en est rien : les braves petits linhs jurent de venger leur capitaine et lorsque le lendemain de cette catastrophe, il nous fut donné d'assister à l'enterrement de leur chef, nous pûmes juger que ces braves gens avaient de vrais cœurs de Français.

La scène est saisissante : le Commandant a voulu donner un peu plus de pompe que de coutume à cette cérémonie ; à dix heures du matin, une section de la Légion est réunie en armes dans la grande rue de la citadelle. Quarante Tirailleurs Tonkinois arrivent également en en armes par la porte Est, portant le corps de leur capitaine.

On a improvisé un cercueil avec des caisses à biscuits ; sur ce cercueil deux immenses couronnes de plantes, je n'ose dire de fleurs, cueillies sur le bord du fleuve, Dieu sait au prix de quels dangers.

Les officiers et les sous-officiers que leur service n'appelle pas au rempart sont là, tête découverte.

---

balles étaient venues cribler les entours du créneau, sans être encore parvenues à l'emboucher.

Le 17, vers midi, un tireur chinois fut plus habile que les autres et le malheureux capitaine reçut une balle dans l'œil qui le tua net.

On porte les armes ; les deux clairons sonnent aux champs ; le canon tonne, les balles sifflent, mais personne ne songe au danger ; tous les yeux sont tournés vers le Commandant Dominé qui, s'avançant tête nue, salue le cercueil et d'une voix vibrante dit un dernier adieu à l'officier mort au champ d'honneur.

On se dirige vers la fosse : tout est fini.

Chacun retourne à son poste, emportant de là un poignant souvenir, mais encore et toujours, du courage plein le cœur.

Le 18, mauvaise nouvelle encore : Bobillot est blessé en faisant une ronde. C'est une perte sérieuse. Ce jeune sous-officier a, depuis deux mois, donné sa mesure ; le Commandant l'a en haute estime. Intelligent, courageux, instruit, d'un entrain et d'une verve incroyables, il a montré les qualités d'un excellent officier du Génie, rendant à la place d'inestimables services. Il est aimé de tous. C'est une belle figure. Hélas ! un mois plus tard, au moment où la croix de la Légion d'Honneur va orner sa poitrine de brave, la mort l'emportera. Mais le bronze a conservé ses traits, l'histoire a consacré son nom. Honneur à lui !....

Chacun sent que le dénouement approche et que l'ennemi prépare ses plus furieuses attaques, mais rien n'ébranle le courage des légionnaires.

Le Commandant veille à ce que le service se fasse avec une régularité de caserne : on sonne le réveil, on sonne la soupe, on sonne le rapport, on sonne l'appel, on sonne même l'extinction des feux. Il est vrai que cette sonnerie permet au clairon Macler qui a tenu à rester de garde en permanence au mamelon, de se livrer aux fantaisies les plus abracadabrantes. Parfois, entre deux bombes, on entend les trompettes chinoises essayant d'imiter le réveil en campagne ou la «Dame Blanche» que Macler leur sonne chaque jour. A ces moments-là, les éclats de rire dominent la fusillade et, par-dessus le mur, Chinois et Français s'interpellent. Je ne certifirai pas, par exemple, que les uns et les autres se servent d'un langage absolument fleuri.

Les légionnaires ne se contentaient pas, d'ailleurs, de lancer des lazzis par-dessus le rempart. Un soir qu'une galerie de mine était signalée aux environs de la porte Ouest comme très avancée et pouvant devenir dangereuse dans un temps très court, les hommes furieux de ne pouvoir arrêter ce travail, imaginèrent un procédé que je me reprocherais de ne pas signaler, étant donné son originalité, persuadé d'ailleurs qu'il ne figure dans aucun traité de fortification. Mais je suis embarrassé pour m'expliquer. Voyons... Autrefois, il me semble avoir lu que les soldats du Moyen-Age jetaient sur les assaillants de la poix, de l'huile bouillante, etc....

Les légionnaires qui n'avaient pas tout cela à leur disposition allèrent tout simplement chercher dans un buen retiro de la citadelle un énorme baquet plein de.... ce que vous savez, le hissèrent avec mille précautions sur le mur et le précipitèrent dans la tranchée chinoise où le travail, m'a-t'-on dit, fut arrêté net pendant une demi-journée.

Qui sait si ce n'est pas à cette demi-journée que nous devons notre salut ! En tous cas, c'était faire flèche de tout bois.

Je ne m'arrêterais pas si je voulais vous citer tous les incidents drôlatiques ou burlesques de cette défense.

Ces quelques traits auront suffi à vous montrer qu'avec un chef comme le Commandant Dominé, il n'y avait pas prise dans le cœur de ses soldats pour le découragement ou la peur.

Lui, d'ailleurs, donnait personnellement l'exemple d'un tel mépris du danger que ceux qui l'approchaient au mamelon ou au rempart étaient en admiration devant son calme inaltérable. Et Dieu sait si ce malheureux mamelon était en but au bombardement.

Les deux pagodes qui s'y trouvaient et où logeait l'état major étaient littéralement criblées de projectiles. L'interprète anamite y eut la tête emportée par un boulet. On avait fini par creuser de simple trous pour loger tout le monde.

Je vous ai dit qu'un escalier de 193 marches donnait accès sur le plateau. Depuis longtemps, il avait fallu passer ailleurs et on avait creusé (voir croquis) un chemin à peu près couvert avec gabions et palanques de place en place, permettant ainsi de monter au plateau. C'était une corvée peu agréable qui incombait chaque jour à l'adjudant et aux trois sergents-majors dont j'étais. A 9 heures, on sonnait le rapport. Nous attendions cette sonnerie dans la cambuse hospitalière du père Gauthier qui se trouvait être au pied du chemin couvert. Là, afin de nous donner du courage pour la périlleuse ascension, nous avalions sans vergogne un excellent verre de vin au quinquina. C'était bien un peu léger et nous fourragions déplorablement dans les denrées de l'Etat, mais les circonstances étaient graves et, d'ailleurs, je puis bien l'avouer maintenant : il y a prescription. Il s'agissait de monter. Or, les Chinois qui étaient sur leurs gardes nous guettaient au passage et nous étions sûrs d'être salués par de nombreux projectiles.

Le premier qui se montrait n'avait pas grand chose à craindre : il surprenait les tireurs de position qui nous attendaient ; mais les trois autres se trouvaient en assez vilaine posture. Aussi avions-nous établi un tour, religieusement observé.

Nous grimpions au pas gymnastique, nous arrêtant de place en place aux endroits bien défilés, pour reprendre haleine. Puis notre course folle reprenait jusqu'au bord du plateau. Nouvel arrêt : il y avait là dix mètres à traverser complètement à découvert, avant d'entrer dans la pagode où se faisait le rapport.

Le Commandant et le Capitaine Cattelain, commandant le détachement de la Légion s'y trouvaient.

Les ordres étaient donnés, dictés et, ma foi ! écrits avec le plus grand calme, interrompus seulement par l'éclat d'une bombe ou l'effritement d'un pan de mur.

Le rapport terminé, on rôdait un peu sur le plateau, donnant une poignée de main, par-ci, par là, à un artilleur ou à un tireur de position. On faisait un tour d'horizon afin de jeter un coup d'œil sur la plaine et de pouvoir raconter aux camarades d'en bas ce que nous avions vu.

Puis de nouveau, un vigoureux pas gymnastique nous faisait dégringoler, heurtant parfois un officier ou un planton qui montait, et chacun retournait à ses occupations.

Dans cette journée du 18, un accident qui affecta très fort les légionnaires fut l'enfoncement par un obus de 12 de trois grosses bariques de vin. La nouvelle se répandit aussi vite que le liquide et une inquiètude très visible se lut sur les visages.

Le Commandant rassura ces braves gens en donnant le jour même double ration de vin, prouvant ainsi qu'il y en avait encore assez dans la place. Mais le reste de la journée fut employé à recouvrir avec des sacs de farine, de riz et de légumes toutes les bariques de vin et de tafia.

Nous voilà au 20 Février : Un obus de 4 traverse le mirador de la porte Sud et blesse un homme. Le mamelon qui est à 60 mètres de la face Ouest est organisé par l'ennemi qui y perfectionne son retranchement avec des créneaux couverts, d'où il plonge à l'intérieur de la citadelle, à 20 mètres en arrière de la face.

Notre artillerie ne peut lui faire que peu de mal, car elle risque en voulant atteindre le mamelon de toucher notre rempart.

Décidément, il ne fait pas bon dans la citadelle ; il y a bien peu d'endroits où les projectiles ne frappent.

Enfin arrive cette journée du 22 Février que je n'essayerai pas de vous décrire en détail: il faut lire le récit dans le journal de siège du Commandant Dominé.

Je le résume.

A 6 heures du matin, les Chinois faisaient

sauter trois mines coup sur coup ; soixante mètres de mur étaient par terre.

Le Capitaine Moulinay de la 2ᵉ Compagnie et douze hommes étaient tués ; le Sous-Lieutenant Vincent et 25 hommes étaient blessés grièvement. Des assauts furieux étaient tentés par les brèches ; sur la face Nord et le long de la berge, des colonnes d'attaque complétaient ce mouvement général. Malgré tout cela, nous restions maîtres du rempart.

Le Commandant assiste, toute la matinée du 22, sous un feu terrible, à la réfection des brèches et rien sur son visage ne peut faire supposer qu'il y a quelques minutes à peine, la place a été à deux doigts de sa perte.

Le lendemain nous assistions à l'enterrement du Capitaine Moulinay et des douze hommes tués avec lui. On avait creusé pour le Capitaine une fosse spéciale, mais le temps manquait pour en creuser une à chacun des hommes et une fosse commune recueillit leurs restes.

Quand à l'ambulance, elle regorgeait de blessés, et d'autres, nombreux encore, allaient y être apportés. Cependant aucun trouble ne se manifeste dans la garnison. Personne ne se dissimule la gravité de la situation, mais chacun est disposé à vendre chèrement sa vie. L'âme du Chef est tout entière dans l'âme des soldats.

Dans la nuit du 24, au milieu d'une fusillade épouvantable, par une obscurité profonde éclairée seulement par la lueur des fusées lancées par l'ennemi, les Chinois se précipitent sur les retranchements des brèches encore non terminés. Ils parviennent à percer cette ligne en quatre points. Ils sont dans la place.

Le sergent-major Husband, se jette, avec un groupe du piquet, au devant d'eux : il est blessé, les hommes reculent ; le sergent Thévenet les ramène, il est blessé à son tour, les légionnaires reculent encore, quand arrive le capitaine Cattelain avec une section de la réserve générale qui fait battre la charge. Nous refoulons, la baïonnette aux reins, les audacieux qui ont osé fouler notre sol.

Quatre ennemis restent étendus dans la citadelle avec deux grands drapeaux ; d'autres sont tués dans le fossé, d'autres sur la brèche.

Il est quatre heures du matin. Comme je l'ai dit, la nuit est noire, les bombes, les fusées incendiaires sont pareilles à d'immenses flammes de Bengale ; les balles sifflent de toutes parts ; nos clairons sonnent la charge ; les gongs, les tams-tams et trompettes chinoises font un vacarme étourdissant ; les cris de l'ennemi se mêlent aux hurrahs de nos hommes, tout cela constitue une scène fantastique dont le spectacle seul peut donner l'idée.

Les Chinois sont évidemment furieux de cet échec et l'on sent qu'ils vont encore essayer de le venger.

Le caporal du Génie qui a remplacé Bobillot dit que l'ennemi travaille à cinq galeries de mine, deux près du saillant S. O, déjà par terre, une sur la face Sud, une sur la face Ouest, une à la porte Ouest.

Il faut s'attendre à tout. Peut-être les Tirailleurs Tonkinois seront-ils obligés d'évacuer leur cantonnement. Ils construisent à la hâte, en vue de cette éventualité un retranchement en terre et palanques, en arrière sur le prolongement de la face Sud. Cela suffira, pense-t'-on pour assurer la prise d'eau au Sud.

Le 25, une mine saute encore et agrandit la brèche du saillant Sud-Ouest de 10 mètres.

Enfin le 28 à 11 heures du soir, la mine du milieu de la face Sud saute ; 10 mètres de mur tombent encore et à 60 mètres de là, des masses énormes de maçonnerie et de terre sont projetées. La tête d'un légionnaire séparée du tronc est retrouvée près de l'emplacement de l'ancienne ambulance à plus de 80 mètres.

Des assauts furieux sont tentés aux brèches du 12, 13, 22 et 25 Février.

Les Chinois essayent de planter des drapeaux partout ; ils sont rejetés au pied des brèches.

Pendant 4 heures, on se fusille à bout portant ; l'adversaire jette des pétards et des sachets à poudre dans la figure des défenseurs. Les Tirailleurs Tonkinois sont attaqués avec la même colère.

Ce n'est qu'à 3 heures du matin que l'ennemi désespérant de prendre pied dans la place abandonnent le pied des brèches en y laissant 40 morts avec leurs armes. Ces cadavres que l'ennemi n'osera venir reprendre diront huit jours plus tard à nos libérateurs avec quel acharnement on s'est battu là. (1)

Les Chinois peuvent revenir encore le : danger couru au lieu d'abattre les courages a su les exalter. Qu'ils viennent ! Si le rempart est à eux, il reste la 2ᵉ citadelle, la citadelle improvisée qu'on défendra avec la même énergie.

Si cette deuxième enceinte tombe encore en leur pouvoir, il y a en haut du mamelon un dernier retranchement qui reste aux légionnaires :

---

(1) A 5 heures du matin, un train (courrier) anamite, après avoir traversé à la nage la rivière (devant les lignes chinoises) apportait les dépêches annonçant l'approche d'une colonne de secours. - Un mot au crayon du Lieutenant Macquart de la légion, annonçait la nomination au grade de capitaine, du Lieutenant Naert (2ᵉ Compagnie) et au grade de Sous-Lieutenant du sergent-major Camps.

Ce sont les balles de leur fusils et la pointe de leurs baïonnettes.

Mais Dieu n'a pas voulu qu'il en fût ainsi ; il a permis que tant de sang glorieusement versé fut payé par la victoire.

En effet, le soir du 28 Février, des fusées aperçues dans la direction du Yux annoncent l'approche de la colonne qui vient débloquer Tuyen-Quan.

Le combat du 2 Mars à Hoa-Moc (8 kilomètres de la place) est un des plus meurtriers de la campagne.

Le Général Giovaninelli, alors colonel a remporté là, grâce à son indomptable énergie, un magnifique succès hélas chèrement payé — 400 hommes hors de combat dont 34 officiers sur une colonne de 2000 combattants à peine, diront assez quelle lutte on eut à soutenir.

Le 2 Mars on entend la canonnade.

Le 3, à midi, la petite garnison, hélas ! bien réduite, acclame ses libérateurs.

Je n'essayerai pas de retracer l'indicible émotion qui empoigna tous les cœurs. Il est des minutes inoubliables — Ces souvenirs lointains déjà de 16 années sont restés à jamais gravés dans mon esprit. — Qu'il me soit permis encore une fois d'apporter ici le modeste hommage d'un souvenir ému au vaillant Chef, l'âme de cette mémorable défense.

Et toi, petit cimetière de Tuyen-Quan, je te salue aussi. — Bien qu'à 3000 lieues de la mère patrie, tu es une terre bien française arrosée d'un sang généreux. — N'envie point les superbes mausolées des capitales du monde. Ce sont de pauvres petites croix de bois qui ornent les tombes ! Qu'importe ! Ceux qu'elles recouvrent et dont elles marquent le souvenir n'en sont pas tombés moins glorieusement ni moins sincèrement pleurés.

Et vous modestes victimes du devoir, humbles braves morts pour le drapeau que vous aviez fait vôtre, le cortège qui vous accompagnait à votre demeure dernière était bien modeste aussi ! Vous n'aviez point derrière vous le pompeux appareil dévolu aux grands de la terre, point de catafalque recouvert d'étoffes magnifiques, point de couronnes de fleurs, point de grands personnages chamarrés, point de musiques répandant leurs flots d'harmonie, point de pompeux discours aux périodes savantes ; mais seulement comme escorte quelques officiers et quelques soldats vêtus de loques, pour linceuil vos vêtements de combat, pour cérémonie et chants funèbres, la prière d'un pauvre pasteur, et pour musique le sifflement des balles et le grondement du canon.

N'enviez rien. — Tandis que les puissants du monde, au milieu de tout l'éclat qui les environne, n'ont, parfois comme cortège que la haine, l'envie ou l'indifférence ; vous, du moins, vous auriez pu lire sur tous les visages de vos compagnons d'armes, l'admiration respectueuse et la tristesse profonde, les poitrines haletaient d'émotion, les larmes coulaient sur les figures bronzées, et ces larmes, je vous le jure, venaient du cœur.

Dormez en paix !

J'ai fini, Messieurs, et, s'il m'a été donné par instants, de faire vibrer à l'unisson du mien, vos cœurs de soldats, j'aurai atteint mon but. Ces émotions saines et viriles font du bien ; elles rendent meilleurs.

Capitaine CAMPS.

Verdun, 1ᵉʳ Novembre 1902

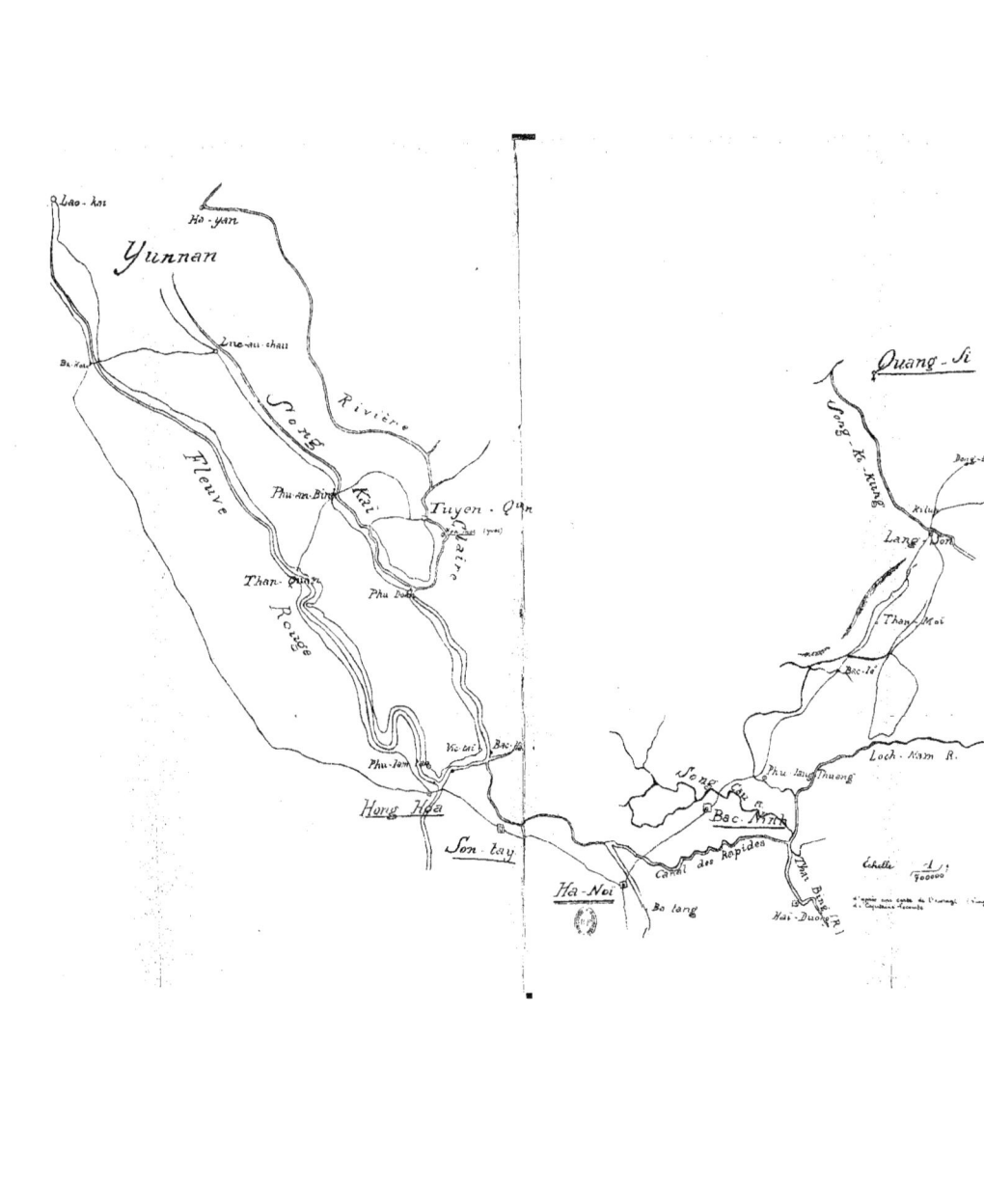

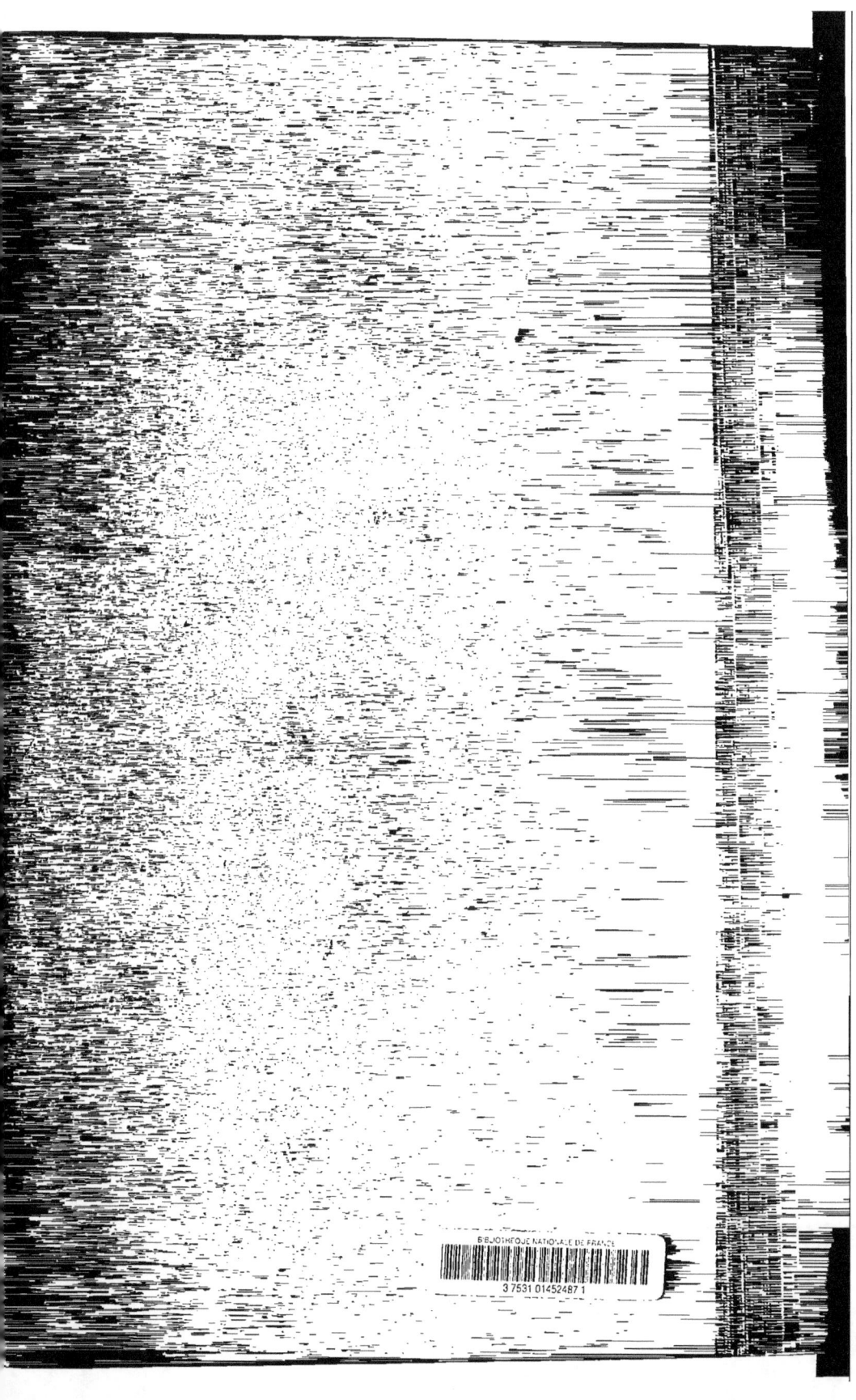

www.ingramcontent.com/pod-product-compliance
Lightning Source LLC
LaVergne TN
LVHW020941090426
835512LV00009B/1664